全国人民代表大会常务委员会公报版

中华人民共和国国旗法
中华人民共和国国徽法

(最新修正本)

中国民主法制出版社

图书在版编目（CIP）数据

中华人民共和国国旗法　中华人民共和国国徽法：最新修正本/全国人大常委会办公厅供稿.—北京：中国民主法制出版社，2020.10
　ISBN 978-7-5162-2291-1

　Ⅰ.①中… Ⅱ.①全… Ⅲ.①国旗—国家法—中国②国徽—国家法—中国　Ⅳ.①D921.3

　中国版本图书馆 CIP 数据核字（2020）第 205519 号

书名/中华人民共和国国旗法　中华人民共和国国徽法

出版·发行/中国民主法制出版社
地址/北京市丰台区右安门外玉林里 7 号（100069）
电话/（010）63055259（总编室）　63058068　63057714（营销中心）
传真/（010）63055259
http：//www.npcpub.com
E-mail：mzfz@npcpub.com
经销/新华书店
开本/32 开　850 毫米×1168 毫米
印张/2.125　**字数**/34 千字
版本/2020 年 11 月第 1 版　2020 年 11 月第 1 次印刷
印刷/北京天宇万达印刷有限公司

书号/ISBN 978-7-5162-2291-1
定价/8.00 元
出版声明/版权所有，侵权必究。

（如有缺页或倒装，本社负责退换）

目　录

中华人民共和国主席令（第五十九号）…………（1）
中华人民共和国主席令（第六十号）……………（3）

全国人民代表大会常务委员会关于修改
　《中华人民共和国国旗法》的决定 …………（5）
全国人民代表大会常务委员会关于修改
　《中华人民共和国国徽法》的决定 …………（11）
中华人民共和国国旗法 ………………………（15）
中华人民共和国国徽法 ………………………（25）
关于《中华人民共和国国旗法
　（修正草案）》的说明 …………………………（34）
关于《中华人民共和国国徽法
　（修正草案）》的说明 …………………………（44）
全国人民代表大会宪法和法律委员会关于
　《中华人民共和国国旗法（修正草案）》
　审议结果的报告 ………………………………（51）
全国人民代表大会宪法和法律委员会关于
　《中华人民共和国国徽法（修正草案）》
　审议结果的报告 ………………………………（54）

全国人民代表大会宪法和法律委员会关于
  《全国人民代表大会常务委员会关于
  修改〈中华人民共和国国旗法〉的决定
  （草案）》修改意见的报告 ……………………（58）
全国人民代表大会宪法和法律委员会关于
  《全国人民代表大会常务委员会关于
  修改〈中华人民共和国国徽法〉的决定
  （草案）》修改意见的报告 ……………………（61）

中华人民共和国主席令

第五十九号

《全国人民代表大会常务委员会关于修改〈中华人民共和国国旗法〉的决定》已由中华人民共和国第十三届全国人民代表大会常务委员会第二十二次会议于 2020 年 10 月 17 日通过，现予公布，自 2021 年 1 月 1 日起施行。

中华人民共和国主席　习近平
2020 年 10 月 17 日

中华人民共和国主席令

第六十号

《全国人民代表大会常务委员会关于修改〈中华人民共和国国徽法〉的决定》已由中华人民共和国第十三届全国人民代表大会常务委员会第二十二次会议于2020年10月17日通过，现予公布，自2021年1月1日起施行。

中华人民共和国主席　习近平
2020年10月17日

全国人民代表大会常务委员会关于修改《中华人民共和国国旗法》的决定

(2020年10月17日第十三届全国人民代表大会常务委员会第二十二次会议通过)

第十三届全国人民代表大会常务委员会第二十二次会议决定对《中华人民共和国国旗法》作如下修改：

一、将第一条修改为："为了维护国旗的尊严，规范国旗的使用，增强公民的国家观念，弘扬爱国主义精神，培育和践行社会主义核心价值观，根据宪法，制定本法。"

二、增加一条，作为第三条："国旗的通用尺度为国旗制法说明中所列明的五种尺度。特殊情况使用其他尺度的国旗，应当按照通用尺度成比例适当放大或者缩小。

"国旗、旗杆的尺度比例应当适当,并与使用目的、周围建筑、周边环境相适应。"

三、将第四条改为第二十二条,修改为:"国务院办公厅统筹协调全国范围内国旗管理有关工作。地方各级人民政府统筹协调本行政区域内国旗管理有关工作。

"各级人民政府市场监督管理部门对国旗的制作和销售实施监督管理。

"县级人民政府确定的部门对本行政区域内国旗的升挂、使用和收回实施监督管理。

"外交部、国务院交通主管部门、中央军事委员会有关部门对各自管辖范围内国旗的升挂、使用和收回实施监督管理。"

四、将第五条第二项修改为:"(二)中国共产党中央委员会,全国人民代表大会常务委员会,国务院,中央军事委员会,中国共产党中央纪律检查委员会、国家监察委员会,最高人民法院,最高人民检察院;中国人民政治协商会议全国委员会"。

五、将第六条修改为:"下列机构所在地应当在工作日升挂国旗:

"(一)中国共产党中央各部门和地方各级委员会;

"(二)国务院各部门;

"(三)地方各级人民代表大会常务委员会;

"(四)地方各级人民政府;

"（五）中国共产党地方各级纪律检查委员会、地方各级监察委员会；

"（六）地方各级人民法院和专门人民法院；

"（七）地方各级人民检察院和专门人民检察院；

"（八）中国人民政治协商会议地方各级委员会；

"（九）各民主党派、各人民团体；

"（十）中央人民政府驻香港特别行政区有关机构、中央人民政府驻澳门特别行政区有关机构。

"学校除寒假、暑假和休息日外，应当每日升挂国旗。有条件的幼儿园参照学校的规定升挂国旗。

"图书馆、博物馆、文化馆、美术馆、科技馆、纪念馆、展览馆、体育馆、青少年宫等公共文化体育设施应当在开放日升挂、悬挂国旗。"

六、将第七条修改为："国庆节、国际劳动节、元旦、春节和国家宪法日等重要节日、纪念日，各级国家机关、各人民团体以及大型广场、公园等公共活动场所应当升挂国旗；企业事业组织，村民委员会、居民委员会，居民院（楼、小区）有条件的应当升挂国旗。

"民族自治地方在民族自治地方成立纪念日和主要传统民族节日应当升挂国旗。

"举行宪法宣誓仪式时，应当在宣誓场所悬挂国旗。"

七、增加一条，作为第九条："国家倡导公民和组织在适宜的场合使用国旗及其图案，表达爱国情感。

"公民和组织在网络中使用国旗图案，应当遵守相关网络管理规定，不得损害国旗尊严。

"网络使用的国旗图案标准版本在中国人大网和中国政府网上发布。"

八、将第十条改为第十一条，修改为："中国人民解放军和中国人民武装警察部队升挂、使用国旗的办法，由中央军事委员会规定。"

九、将第十一条改为第十二条，第二款修改为："执行出入境边防检查、边境管理、治安任务的船舶升挂国旗的办法，由国务院公安部门规定。"

增加一款，作为第三款："国家综合性消防救援队伍的船舶升挂国旗的办法，由国务院应急管理部门规定。"

十、将第十三条改为第十四条，第二款修改为："举行升旗仪式时，应当奏唱国歌。在国旗升起的过程中，在场人员应当面向国旗肃立，行注目礼或者按照规定要求敬礼，不得有损害国旗尊严的行为。"

增加一款，作为第三款："北京天安门广场每日举行升旗仪式。"

将第三款改为第四款，修改为："学校除假期外，每周举行一次升旗仪式。"

十一、将第十四条改为第十五条，第二款、第三款修改为："举行国家公祭仪式或者发生严重自然灾害、突发公共卫生事件以及其他不幸事件造成特别重大伤亡的，可以在全国范围内下半旗志哀，也可以在部分地区或者特定场所下半旗志哀。

"依照本条第一款第三项、第四项和第二款的规定下半旗，由国务院有关部门或者省、自治区、直辖市人民政府报国务院决定。"

十二、增加一条，作为第十六条："下列人士逝世，举行哀悼仪式时，其遗体、灵柩或者骨灰盒可以覆盖国旗：

"（一）本法第十五条第一款第一项至第三项规定的人士；

"（二）烈士；

"（三）国家规定的其他人士。

"覆盖国旗时，国旗不得触及地面，仪式结束后应当将国旗收回保存。"

十三、将第十七条改为第十九条，修改为："不得升挂或者使用破损、污损、褪色或者不合规格的国旗，不得倒挂、倒插或者以其他有损国旗尊严的方式升挂、使用国旗。

"不得随意丢弃国旗。破损、污损、褪色或者不合规格的国旗应当按照国家有关规定收回、处置。大型群众性活动结束后，活动主办方应当收回或者妥善处置活动现场使用的国旗。"

十四、将第十八条改为第二十条，修改为："国旗及其图案不得用作商标、授予专利权的外观设计和商业广告，不得用于私人丧事活动等不适宜的情形。"

十五、增加一条，作为第二十一条："国旗应当作为爱国主义教育的重要内容。

"中小学应当教育学生了解国旗的历史和精神内涵，遵守国旗升挂使用规范和升旗仪式礼仪。

"新闻媒体应当积极宣传国旗知识，引导公民和组织正确使用国旗及其图案。"

本决定自 2021 年 1 月 1 日起施行。

《中华人民共和国国旗法》根据本决定作相应修改并对条文顺序作相应调整，重新公布。

全国人民代表大会常务委员会关于修改《中华人民共和国国徽法》的决定

(2020年10月17日第十三届全国人民代表大会常务委员会第二十二次会议通过)

第十三届全国人民代表大会常务委员会第二十二次会议决定对《中华人民共和国国徽法》作如下修改:

一、将第一条修改为:"为了维护国徽的尊严,正确使用国徽,增强公民的国家观念,弘扬爱国主义精神,培育和践行社会主义核心价值观,根据宪法,制定本法。"

二、将第四条第一款修改为:"下列机构应当悬挂国徽:

"(一)各级人民代表大会常务委员会;

"（二）各级人民政府；

"（三）中央军事委员会；

"（四）各级监察委员会；

"（五）各级人民法院和专门人民法院；

"（六）各级人民检察院和专门人民检察院；

"（七）外交部；

"（八）国家驻外使馆、领馆和其他外交代表机构；

"（九）中央人民政府驻香港特别行政区有关机构、中央人民政府驻澳门特别行政区有关机构。"

删去第二款。

三、将第五条第一项、第二项修改为："（一）北京天安门城楼、人民大会堂；

"（二）县级以上各级人民代表大会及其常务委员会会议厅，乡、民族乡、镇的人民代表大会会场"。

增加一项，作为第四项："（四）宪法宣誓场所"。

四、将第六条第一项修改为："（一）全国人民代表大会常务委员会，国务院，中央军事委员会，国家监察委员会，最高人民法院，最高人民检察院"。

第三项修改为："（三）县级以上地方各级人民代表大会常务委员会、人民政府、监察委员会、人民法院、人民检察院，专门人民法院，专门人民检察院"。

五、增加一条，作为第七条："本法第六条规定的机构应当在其网站首页显著位置使用国徽图案。

"网站使用的国徽图案标准版本在中国人大网和中

国政府网上发布。"

六、将第七条改为第八条，第二项修改为："（二）中华人民共和国主席、副主席，全国人民代表大会常务委员会委员长、副委员长，国务院总理、副总理、国务委员，中央军事委员会主席、副主席，国家监察委员会主任，最高人民法院院长和最高人民检察院检察长以职务名义对外使用的信封、信笺、请柬等"。

七、增加一条，作为第九条："标示国界线的界桩、界碑和标示领海基点方位的标志碑以及其他用于显示国家主权的标志物可以使用国徽图案。

"中国人民银行发行的法定货币可以使用国徽图案。"

八、增加一条，作为第十条："下列证件、证照可以使用国徽图案：

"（一）国家机关工作人员的工作证件、执法证件等；

"（二）国家机关颁发的营业执照、许可证书、批准证书、资格证书、权利证书等；

"（三）居民身份证，中华人民共和国护照等法定出入境证件。

"国家机关和武装力量的徽章可以将国徽图案作为核心图案。

"公民在庄重的场合可以佩戴国徽徽章，表达爱国情感。"

九、将第十条改为第十三条，第一项、第二项修改为：

"（一）商标、授予专利权的外观设计、商业广告；

"（二）日常用品、日常生活的陈设布置"。

十、增加一条，作为第十五条："国徽应当作为爱国主义教育的重要内容。

"中小学应当教育学生了解国徽的历史和精神内涵。

"新闻媒体应当积极宣传国徽知识，引导公民和组织正确使用国徽及其图案。"

十一、将第十二条改为第十六条，第二款修改为："需要悬挂非通用尺度国徽的，应当按照通用尺度成比例适当放大或者缩小，并与使用目的、所在建筑物、周边环境相适应。"

十二、将第十四条改为第十七条，修改为："国务院办公厅统筹协调全国范围内国徽管理有关工作。地方各级人民政府统筹协调本行政区域内国徽管理有关工作。

"各级人民政府市场监督管理部门对国徽的制作和销售实施监督管理。

"县级人民政府确定的部门对本行政区域内国徽的悬挂、使用和收回实施监督管理。"

本决定自2021年1月1日起施行。

《中华人民共和国国徽法》根据本决定作相应修改并对条文顺序作相应调整，重新公布。

中华人民共和国国旗法

（1990年6月28日第七届全国人民代表大会常务委员会第十四次会议通过　根据2009年8月27日第十一届全国人民代表大会常务委员会第十次会议《关于修改部分法律的决定》第一次修正　根据2020年10月17日第十三届全国人民代表大会常务委员会第二十二次会议《关于修改〈中华人民共和国国旗法〉的决定》第二次修正）

第一条　为了维护国旗的尊严，规范国旗的使用，增强公民的国家观念，弘扬爱国主义精神，培育和践行社会主义核心价值观，根据宪法，制定本法。

第二条　中华人民共和国国旗是五星红旗。

中华人民共和国国旗按照中国人民政治协商会议第一届全体会议主席团公布的国旗制法说明制作。

第三条 国旗的通用尺度为国旗制法说明中所列明的五种尺度。特殊情况使用其他尺度的国旗,应当按照通用尺度成比例适当放大或者缩小。

国旗、旗杆的尺度比例应当适当,并与使用目的、周围建筑、周边环境相适应。

第四条 中华人民共和国国旗是中华人民共和国的象征和标志。

每个公民和组织,都应当尊重和爱护国旗。

第五条 下列场所或者机构所在地,应当每日升挂国旗:

(一)北京天安门广场、新华门;

(二)中国共产党中央委员会,全国人民代表大会常务委员会,国务院,中央军事委员会,中国共产党中央纪律检查委员会、国家监察委员会,最高人民法院,最高人民检察院;

中国人民政治协商会议全国委员会;

(三)外交部;

(四)出境入境的机场、港口、火车站和其他边境口岸,边防海防哨所。

第六条 下列机构所在地应当在工作日升挂国旗:

(一)中国共产党中央各部门和地方各级委员会;

(二)国务院各部门;

(三)地方各级人民代表大会常务委员会;

(四)地方各级人民政府;

（五）中国共产党地方各级纪律检查委员会、地方各级监察委员会；

（六）地方各级人民法院和专门人民法院；

（七）地方各级人民检察院和专门人民检察院；

（八）中国人民政治协商会议地方各级委员会；

（九）各民主党派、各人民团体；

（十）中央人民政府驻香港特别行政区有关机构、中央人民政府驻澳门特别行政区有关机构。

学校除寒假、暑假和休息日外，应当每日升挂国旗。有条件的幼儿园参照学校的规定升挂国旗。

图书馆、博物馆、文化馆、美术馆、科技馆、纪念馆、展览馆、体育馆、青少年宫等公共文化体育设施应当在开放日升挂、悬挂国旗。

第七条 国庆节、国际劳动节、元旦、春节和国家宪法日等重要节日、纪念日，各级国家机关、各人民团体以及大型广场、公园等公共活动场所应当升挂国旗；企业事业组织，村民委员会、居民委员会，居民院（楼、小区）有条件的应当升挂国旗。

民族自治地方在民族自治地方成立纪念日和主要传统民族节日应当升挂国旗。

举行宪法宣誓仪式时，应当在宣誓场所悬挂国旗。

第八条 举行重大庆祝、纪念活动，大型文化、体育活动，大型展览会，可以升挂国旗。

第九条 国家倡导公民和组织在适宜的场合使用国

旗及其图案，表达爱国情感。

公民和组织在网络中使用国旗图案，应当遵守相关网络管理规定，不得损害国旗尊严。

网络使用的国旗图案标准版本在中国人大网和中国政府网上发布。

第十条 外交活动以及国家驻外使馆领馆和其他外交代表机构升挂、使用国旗的办法，由外交部规定。

第十一条 中国人民解放军和中国人民武装警察部队升挂、使用国旗的办法，由中央军事委员会规定。

第十二条 民用船舶和进入中国领水的外国船舶升挂国旗的办法，由国务院交通主管部门规定。

执行出入境边防检查、边境管理、治安任务的船舶升挂国旗的办法，由国务院公安部门规定。

国家综合性消防救援队伍的船舶升挂国旗的办法，由国务院应急管理部门规定。

第十三条 依照本法第五条、第六条、第七条的规定升挂国旗的，应当早晨升起，傍晚降下。

依照本法规定应当升挂国旗的，遇有恶劣天气，可以不升挂。

第十四条 升挂国旗时，可以举行升旗仪式。

举行升旗仪式时，应当奏唱国歌。在国旗升起的过程中，在场人员应当面向国旗肃立，行注目礼或者按照规定要求敬礼，不得有损害国旗尊严的行为。

北京天安门广场每日举行升旗仪式。

学校除假期外，每周举行一次升旗仪式。

第十五条 下列人士逝世，下半旗志哀：

（一）中华人民共和国主席、全国人民代表大会常务委员会委员长、国务院总理、中央军事委员会主席；

（二）中国人民政治协商会议全国委员会主席；

（三）对中华人民共和国作出杰出贡献的人；

（四）对世界和平或者人类进步事业作出杰出贡献的人。

举行国家公祭仪式或者发生严重自然灾害、突发公共卫生事件以及其他不幸事件造成特别重大伤亡的，可以在全国范围内下半旗志哀，也可以在部分地区或者特定场所下半旗志哀。

依照本条第一款第三项、第四项和第二款的规定下半旗，由国务院有关部门或者省、自治区、直辖市人民政府报国务院决定。

依照本条规定下半旗的日期和场所，由国家成立的治丧机构或者国务院决定。

第十六条 下列人士逝世，举行哀悼仪式时，其遗体、灵柩或者骨灰盒可以覆盖国旗：

（一）本法第十五条第一款第一项至第三项规定的人士；

（二）烈士；

（三）国家规定的其他人士。

覆盖国旗时，国旗不得触及地面，仪式结束后应当将国旗收回保存。

第十七条　升挂国旗,应当将国旗置于显著的位置。

列队举持国旗和其他旗帜行进时,国旗应当在其他旗帜之前。

国旗与其他旗帜同时升挂时,应当将国旗置于中心、较高或者突出的位置。

在外事活动中同时升挂两个以上国家的国旗时,应当按照外交部的规定或者国际惯例升挂。

第十八条　在直立的旗杆上升降国旗,应当徐徐升降。升起时,必须将国旗升至杆顶;降下时,不得使国旗落地。

下半旗时,应当先将国旗升至杆顶,然后降至旗顶与杆顶之间的距离为旗杆全长的三分之一处;降下时,应当先将国旗升至杆顶,然后再降下。

第十九条　不得升挂或者使用破损、污损、褪色或者不合规格的国旗,不得倒挂、倒插或者以其他有损国旗尊严的方式升挂、使用国旗。

不得随意丢弃国旗。破损、污损、褪色或者不合规格的国旗应当按照国家有关规定收回、处置。大型群众性活动结束后,活动主办方应当收回或者妥善处置活动现场使用的国旗。

第二十条　国旗及其图案不得用作商标、授予专利权的外观设计和商业广告,不得用于私人丧事活动等不适宜的情形。

第二十一条 国旗应当作为爱国主义教育的重要内容。

中小学应当教育学生了解国旗的历史和精神内涵、遵守国旗升挂使用规范和升旗仪式礼仪。

新闻媒体应当积极宣传国旗知识，引导公民和组织正确使用国旗及其图案。

第二十二条 国务院办公厅统筹协调全国范围内国旗管理有关工作。地方各级人民政府统筹协调本行政区域内国旗管理有关工作。

各级人民政府市场监督管理部门对国旗的制作和销售实施监督管理。

县级人民政府确定的部门对本行政区域内国旗的升挂、使用和收回实施监督管理。

外交部、国务院交通主管部门、中央军事委员会有关部门对各自管辖范围内国旗的升挂、使用和收回实施监督管理。

第二十三条 在公共场合故意以焚烧、毁损、涂划、玷污、践踏等方式侮辱中华人民共和国国旗的，依法追究刑事责任；情节较轻的，由公安机关处以十五日以下拘留。

第二十四条 本法自1990年10月1日起施行。

附：

国旗制法说明

（1949年9月28日中国人民政治协商会议第一届全体会议主席团公布）

国旗的形状、颜色两面相同，旗上五星两面相对。为便利计，本件仅以旗杆在左之一面为说明之标准。对于旗杆在右之一面，凡本件所称左均应改右，所称右均应改左。

（一）旗面为红色，长方形，其长与高为三与二之比，旗面左上方缀黄色五角星五颗。一星较大，其外接圆直径为旗高十分之三，居左；四星较小，其外接圆直径为旗高十分之一，环拱于大星之右。旗杆套为白色。

（二）五星之位置与画法如下：

甲、为便于确定五星之位置，先将旗面对分为四个相等的长方形，将左上方之长方形上下划为十等分，左右划为十五等分。

乙、大五角星的中心点，在该长方形上五下五、左五右十之处。其画法为：以此点为圆心，以三等分为半径作一圆。在此圆周上，定出五个等距离的点，其一点须位于圆之正上方。然后将此五点中各相隔的两点相联，使各成一直线。此五直线所构成之外轮廓线，即为所需之大五角星。五角星之一个角尖正向上方。

丙、四颗小五角星的中心点，第一点在该长方形上二下八、左十右五之处，第二点在上四下六、左十二右三之处，第三点在上七下三、左十二右三之处，第四点在上九下一、左十右五之处。其画法为：以以上四点为圆心，各以一等分为半径，分别作四个圆。在每个圆上各定出五个等距离的点，其中均须各有一点位于大五角星中心点与以上四个圆心的各联结线上。然后用构成大五角星的同样方法，构成小五角星。此四颗小五角星均各有一个角尖正对大五角星的中心点。

（三）国旗之通用尺度定为如下五种，各界酌情选用：

甲、长 288 公分，高 192 公分。

乙、长 240 公分，高 160 公分。

丙、长 192 公分，高 128 公分。

丁、长 144 公分，高 96 公分。

戊、长 96 公分，高 64 公分。

国旗制法图案

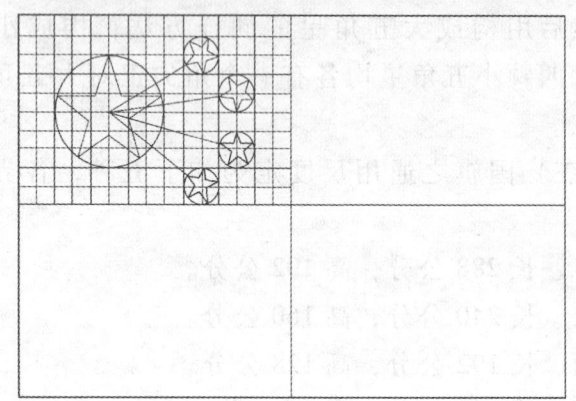

中华人民共和国国徽法

(1991年3月2日第七届全国人民代表大会常务委员会第十八次会议通过 根据2009年8月27日第十一届全国人民代表大会常务委员会第十次会议《关于修改部分法律的决定》第一次修正 根据2020年10月17日第十三届全国人民代表大会常务委员会第二十二次会议《关于修改〈中华人民共和国国徽法〉的决定》第二次修正)

第一条 为了维护国徽的尊严,正确使用国徽,增强公民的国家观念,弘扬爱国主义精神,培育和践行社会主义核心价值观,根据宪法,制定本法。

第二条 中华人民共和国国徽,中间是五星照耀下的天安门,周围是谷穗和齿轮。

中华人民共和国国徽按照1950年中央人民政府委

员会通过的《中华人民共和国国徽图案》和中央人民政府委员会办公厅公布的《中华人民共和国国徽图案制作说明》制作。

第三条 中华人民共和国国徽是中华人民共和国的象征和标志。

一切组织和公民，都应当尊重和爱护国徽。

第四条 下列机构应当悬挂国徽：

（一）各级人民代表大会常务委员会；

（二）各级人民政府；

（三）中央军事委员会；

（四）各级监察委员会；

（五）各级人民法院和专门人民法院；

（六）各级人民检察院和专门人民检察院；

（七）外交部；

（八）国家驻外使馆、领馆和其他外交代表机构；

（九）中央人民政府驻香港特别行政区有关机构、中央人民政府驻澳门特别行政区有关机构。

国徽应当悬挂在机关正门上方正中处。

第五条 下列场所应当悬挂国徽：

（一）北京天安门城楼、人民大会堂；

（二）县级以上各级人民代表大会及其常务委员会会议厅，乡、民族乡、镇的人民代表大会会场；

（三）各级人民法院和专门人民法院的审判庭；

（四）宪法宣誓场所；

（五）出境入境口岸的适当场所。

第六条 下列机构的印章应当刻有国徽图案：

（一）全国人民代表大会常务委员会，国务院，中央军事委员会，国家监察委员会，最高人民法院，最高人民检察院；

（二）全国人民代表大会各专门委员会和全国人民代表大会常务委员会办公厅、工作委员会，国务院各部、各委员会、各直属机构、国务院办公厅以及国务院规定应当使用刻有国徽图案印章的办事机构，中央军事委员会办公厅以及中央军事委员会规定应当使用刻有国徽图案印章的其他机构；

（三）县级以上地方各级人民代表大会常务委员会、人民政府、监察委员会、人民法院、人民检察院，专门人民法院，专门人民检察院；

（四）国家驻外使馆、领馆和其他外交代表机构。

第七条 本法第六条规定的机构应当在其网站首页显著位置使用国徽图案。

网站使用的国徽图案标准版本在中国人大网和中国政府网上发布。

第八条 下列文书、出版物等应当印有国徽图案：

（一）全国人民代表大会常务委员会、中华人民共和国主席和国务院颁发的荣誉证书、任命书、外交文书；

（二）中华人民共和国主席、副主席，全国人民代表大会常务委员会委员长、副委员长,国务院总理、副总理、国务委员,中央军事委员会主席、副主席,国家监察委员会主任,最高人民法院院长和最高人民检察院检察长以职务名义对外使用的信封、信笺、请柬等;

(三)全国人民代表大会常务委员会公报、国务院公报、最高人民法院公报和最高人民检察院公报的封面;

(四)国家出版的法律、法规正式版本的封面。

第九条 标示国界线的界桩、界碑和标示领海基点方位的标志碑以及其他用于显示国家主权的标志物可以使用国徽图案。

中国人民银行发行的法定货币可以使用国徽图案。

第十条 下列证件、证照可以使用国徽图案:

(一)国家机关工作人员的工作证件、执法证件等;

(二)国家机关颁发的营业执照、许可证书、批准证书、资格证书、权利证书等;

(三)居民身份证,中华人民共和国护照等法定出入境证件。

国家机关和武装力量的徽章可以将国徽图案作为核心图案。

公民在庄重的场合可以佩戴国徽徽章,表达爱国情感。

第十一条 外事活动和国家驻外使馆、领馆以及其他外交代表机构对外使用国徽图案的办法,由外交部规定,报国务院批准后施行。

第十二条 在本法规定的范围以外需要悬挂国徽或者使用国徽图案的,由全国人民代表大会常务委员会办公厅或者国务院办公厅会同有关主管部门规定。

第十三条 国徽及其图案不得用于:

(一)商标、授予专利权的外观设计、商业广告;

(二)日常用品、日常生活的陈设布置;

(三)私人庆吊活动;

(四)国务院办公厅规定不得使用国徽及其图案的其他场合。

第十四条 不得悬挂破损、污损或者不合规格的国徽。

第十五条 国徽应当作为爱国主义教育的重要内容。

中小学应当教育学生了解国徽的历史和精神内涵。

新闻媒体应当积极宣传国徽知识,引导公民和组织正确使用国徽及其图案。

第十六条 悬挂的国徽由国家指定的企业统一制作,其直径的通用尺度为下列三种:

(一)一百厘米;

(二)八十厘米;

(三)六十厘米。

需要悬挂非通用尺度国徽的,应当按照通用尺度成比例适当放大或者缩小,并与使用目的、所在建筑物、周边环境相适应。

第十七条 国务院办公厅统筹协调全国范围内国徽管理有关工作。地方各级人民政府统筹协调本行政区域内国徽管理有关工作。

各级人民政府市场监督管理部门对国徽的制作和销售实施监督管理。

县级人民政府确定的部门对本行政区域内国徽的悬挂、使用和收回实施监督管理。

第十八条 在公共场合故意以焚烧、毁损、涂划、玷污、践踏等方式侮辱中华人民共和国国徽的,依法追究刑事责任;情节较轻的,由公安机关处以十五日以下拘留。

第十九条 本法自1991年10月1日起施行。

附件：

中华人民共和国国徽图案

（1950 年 6 月 28 日中央人民政府委员会第八次会议通过）

说明：国徽的内容为国旗、天安门、齿轮和麦稻穗，象征中国人民自"五四"运动以来的新民主主义革命斗争和工人阶级领导的以工农联盟为基础的人民民主专政的新中国的诞生。

中华人民共和国国徽图案制作说明

（1950年9月20日中央人民政府委员会办公厅公布）

一、两把麦稻组成正圆形的环。齿轮安在下方麦稻杆的交叉点上。齿轮的中心交结着红绶。红绶向左右绾住麦稻而下垂，把齿轮分成上下两部。

二、从图案正中垂直画一直线，其左右两部分，完全对称。

三、图案各部分之地位、尺寸，可根据方格墨线图之比例，放大或缩小。

四、如制作浮雕，其各部位之高低，可根据断面图之比例放大或缩小。

五、国徽之涂色为金红二色：麦稻、五星、天安门、齿轮为金色，圆环内之底子及垂绶为红色；红为正红（同于国旗），金为大赤金（淡色而有光泽之金）。

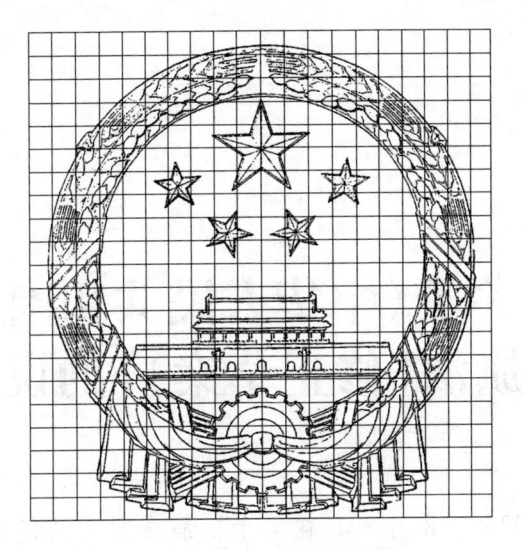

中华人民共和国国徽方格墨线图

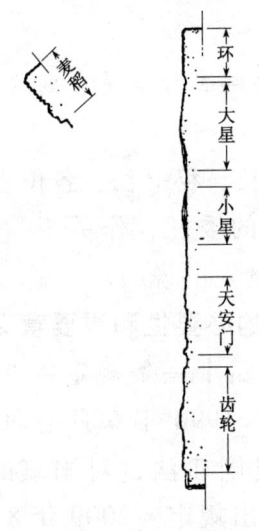

中华人民共和国国徽纵断面图

33

关于《中华人民共和国国旗法(修正草案)》的说明

——2020年8月8日在第十三届全国人民代表大会常务委员会第二十一次会议上

全国人大常委会法制工作委员会副主任 武 增

委员长、各位副委员长、秘书长、各位委员:

我受委员长会议的委托,作关于《中华人民共和国国旗法(修正草案)》的说明。

一、修改国旗法的必要性和重要意义

我国宪法第一百四十一条规定:"中华人民共和国国旗是五星红旗。"1990年6月七届全国人大常委会第十四次会议通过国旗法,对国旗的尺度、升挂、使用和监督管理等作出规定。2009年8月十一届全国人大常委会第十次会议对国旗法的法律责任条款作了修改。国旗法颁布施行三十年来，对保障国旗的正确使用，维护国旗的尊严，增强公民的国家观念，弘扬爱国主义精神，发挥了重要作用。同时，随着我国政治和社会的发展，国旗的使用越来越广泛，成为人民群众表达爱国情感的重要方式，国旗法实施中也遇到一些新情况新问题，如国旗的通用尺度已不能满足实践中国旗使用多样化的需求；国旗升挂和使用的场合已不适应国家政治和社会发展的需要；国旗升挂和使用中存在一些不规范的情况；国旗制作、销售、升挂、回收的监督管理部门还不够明确等。针对实践中存在的突出问题，与时俱进，适时修改国旗法，完善国家标志制度，具有重要意义。

（一）修改国旗法，规范国旗的使用，是维护国家形象和尊严的需要

国旗是国家的象征和标志，代表着国家的权威与尊严。现实生活中，国旗的使用越来越广泛，国旗使用不当的情况也时有发生。如：有的单位升挂的国旗长年只升不降，导致破损、褪色；有的出现倒挂国旗的现象；有的大型活动结束后，随处可见丢弃的手持国旗；另外，在商品和网络上，国旗图案也有些使用不当的情形，这些都损害了国旗尊严。修改国旗法，强化国旗使用的规范性和严肃性，加强国旗使用的管理监督，有利于形成维护国旗尊严的意识和社会氛围，有利于维护国家的形象和尊严。

（二）修改国旗法，鼓励国旗的使用，是培育和践行社会主义核心价值观的需要

爱国是社会主义核心价值观的重要内容，国旗作为国家的象征和标志，是进行爱国主义教育的最好教材。现行国旗法主要对国家机关、学校升挂国旗提出了要求，对企业事业组织、村民委员会、居民委员会以及一些公共场合升挂国旗作了原则规定，没有对公民个人使用国旗和国旗图案作出规定。实践中，国旗和国旗图案不断从机关走向社会，从实际生活走向网络空间，成为人民群众表达爱国情感、增强国家观念的重要方式。修改完善国旗法，鼓励人民群众使用国旗表达爱国情感，有利于弘扬爱国主义精神，培育和践行社会主义核心价值观。

（三）修改国旗法，完善国家象征和标志制度，是推进国家治理体系和治理能力现代化的需要

党的十九届四中全会决定提出：发展社会主义先进文化、广泛凝聚人民精神力量，是国家治理体系和治理能力现代化的深厚支撑。国旗制度是国家制度的重要方面。党的十八大以来，以习近平同志为核心的党中央高度重视国家仪典、国家标志方面的立法，相继制定国歌法、国家勋章和国家荣誉称号法、英雄烈士保护法等重要法律，完善了宪法确立的许多重要国家制度，建立了宪法宣誓制度、国家公祭制度等。修改国旗法，完善国家标志法律制度，强化公民的国家意识和爱国主义精

神，是发展社会主义先进文化的重要体现，是推进国家治理体系和治理能力现代化的重要支撑。

国旗承载着人民群众对党对国家对民族的崇高敬意和深厚情感。当前，中国特色社会主义进入新时代，我国正处在实现中华民族伟大复兴的关键时期，修改国旗法，完善国家标志制度，展现大国气象，强化国家观念，有利于增强全体人民对中国特色社会主义的道路自信、理论自信、制度自信、文化自信，有利于为实现中华民族伟大复兴的中国梦凝聚强大的精神力量。

二、修改的工作过程、指导思想和遵循的原则

近年来，一些全国人大代表、全国政协委员和专家学者提出修改完善国旗法的意见建议。2019年2月和3月，习近平总书记两次对完善国旗法作出重要批示，为完善国旗法律制度提供基本遵循和重要指引。全国人大常委会高度重视，将国旗法修改列入常委会年度立法工作计划，法制工作委员会立即启动修改工作，研究总结实践中国旗使用好的经验做法，梳理存在的问题，对国外有关国旗的立法进行了研究；到北京、浙江进行调研，了解国旗制作和使用、国旗教育等方面的情况；召开座谈会，听取全国人大代表、政协委员、专家学者和中央有关部门意见。同时，认真研究吸收中央政策研究室关于完善国旗法的意见建议。在形成修改方案后，又书面征求了部分中央和国家机关意见。在此基础上，形成了《中华人民共和国国旗法（修正草案）》。经委员长会议审议，决定将国旗法（修正草案）提请本次常委会会议审议。

修改国旗法坚持以习近平新时代中国特色社会主义思想为指导，贯彻党的十九大和十九届二中、三中、四中全会精神，完善国家重要标志制度，在全社会形成尊重、爱护国旗的氛围，增强公民的国家观念，弘扬爱国主义精神，培育和践行社会主义核心价值观，为实现中华民族伟大复兴凝聚精神力量。

修改国旗法遵循的原则：一是坚持部分修改，不作大的修改，重点完善国旗的礼仪规范和使用规则，明确国旗使用的监督管理部门。二是根据国旗的特点，强调鼓励与规范并重，增加国旗非通用尺度使用的场合和要求，鼓励公民和组织在适当场合升挂、使用国旗和国旗图案，加强国旗宣传教育。三是进一步规范国旗及其图案的使用，对实践中影响国旗权威和尊严的问题作出规范，维护国旗的权威和尊严。四是做好与国歌法等涉及国旗的相关法律的衔接，保持法律规范之间的和谐统一。

三、修正草案的主要内容

修正草案共 19 条，主要内容如下：

（一）关于完善国旗的尺度

国旗法所附的《国旗制法说明》对国旗的样式和五种通用尺度作出规定。目前，这五种通用尺度已不能满足实践中使用国旗多样化的需求。考虑到《国旗制法说明》是1949年9月28日中国人民政治协商会议第一届全体会议主席团公布的，已成为一份重要历史性文献，不宜对《国旗制法说明》进行直接修改。因此，草案增加了对非通用尺度国旗的原则规定，同时对国旗与旗杆的尺度比例等提出要求，规定："国旗的通用尺度为国旗制法说明中所列明的五种尺度。特殊情况使用其他尺度的国旗，应当按照通用尺度成比例适当放大或者缩小"，"国旗、旗杆的尺度比例应当适当，并与使用目的、周围建筑、周边环境相适应"。

（二）关于增加升挂国旗的场合

国旗法第五条、第六条、第七条分别对不同国家机关、单位、场所在每日、工作日和节假日升挂国旗作了规定。草案从以下几个方面进一步完善升挂国旗场合的规定。一是为体现中国共产党在国家中的领导地位，增加规定"中国共产党中央委员会"每日升挂国旗，"中国共产党中央各部门和地方各级委员会"在工作日升挂国旗。二是为体现国家监察体制改革后国家机构的新变化，增加规定"中国共产党中央纪律检查委员会、国家监察委员会"每日升挂国旗，"中国共产党地方各级纪律检查委员会、地方各级监察委员会"在工作日升挂国旗。三是增加规定各民主党派、各人民团体在工作日升挂国旗。四是加强国旗的教育功能，增加规定"有条件的非全日制学校可以参照全日制学校的规定升挂国旗"，"国家鼓励图书馆、博物馆、文化馆、美术馆、科技馆、纪念馆、青少年宫等公共文化设施在开放日升挂国旗"。五是根据实践发展，增加规定宪法宣誓场所悬挂国旗，增加国家宪法日、烈士纪念日升挂国旗的要求，并对居民小区在重要节日、纪念日升挂国旗作出规定。同时，删去了现行法第七条第二款"不以春节为传统节日的少数民族地区，春节是否升挂国旗，由民族自治地方的自治机关规定"的内容。

（三）关于规范升旗仪式要求

国旗法第十三条规定，举行升国旗仪式时，在国旗升起的过程中，参加者应当面向国旗肃立致敬，并可以奏国歌或者唱国歌。为了进一步增强升国旗仪式的严肃性、强化仪式感，草案对参加者的礼仪规范进一步明确，规定："举行升旗仪式时，应当奏唱国歌，在国旗升起的过程中，参加者应当面向国旗肃立行注目礼或者按照规定要求敬礼，不得有损害国旗尊严的行为。"同时，北京天安门广场每日举行的升国旗仪式，已经成为国家的一项重要日常仪典，也是全国各族人民凝心聚力的重要形式，为此草案对这项仪式予以明确，增加规定"北京天安门广场每日举行升旗仪式，由中国人民解放军仪仗队负责"。

（四）关于完善使用国旗志哀相关制度

国旗法第十四条对下半旗制度作了规定。实践中，除全国范围内下半旗外，也出现了在部分地区或者特定场所下半旗的情形。为进一步适应实践需求，草案规定发生特别重大伤亡的不幸事件、严重自然灾害和公共卫生事件造成重大伤亡或者举行国家公祭仪式时，"可以在全国范围内下半旗志哀，也可以在部分地区或者特定场所下半旗志哀。"同时，为了进一步增强这项制度的可操作性，根据实践中的做法，增加了下半旗的程序规定，明确"由国务院有关部门或者省、自治区、直辖市人民政府"报国务院决定。此外，为了完善国家仪典制度，规范国旗的使用，根据实践情况，草案增加规定："本法第十六条第一款第一项至第三项规定的人士逝世后以及烈士，其遗体、灵柩或者骨灰盒可以覆盖国旗"，"按照前款规定覆盖国旗时，国旗不得触及地面，有关仪式结束后应当将国旗收回保存"。

（五）关于完善国旗及其图案使用要求

为加强国旗及其图案使用的规范化，草案进一步明确国旗及其图案"不得用作商标、产品外观设计和商业广告，不得用于私人丧事活动等不适宜的情形"；增加规定"公民和组织在网络中使用国旗图案，应当遵守相关网络管理规定，不得损害国旗尊严"。为防止倒挂国旗、大型活动过后国旗随意丢弃等损害国旗尊严的情形，草案增加规定"不得倒挂或者以其他有损国旗尊严的方式升挂、使用国旗"，"不得随意丢弃国旗。破损、污损、褪色或者不合规格的国旗应当按国家有关规定回收、处置。大型群众性活动结束后，活动主办方应当妥善处置活动现场使用的各类国旗"。

（六）关于加强国旗宣传教育

为了进一步鼓励公民通过使用国旗表达爱国情感，发挥国旗在爱国主义教育中的重要作用，增加规定"国家倡导公民和组织在适宜的场合使用国旗及其图案，表达爱国情感"，"新闻媒体应当积极宣传国旗知识，引导公民正确使用国旗及其图案"；"全日制学校应当将国旗教育作为爱国主义教育的重要内容，教育学生了解国旗的历史和精神内涵，遵守国旗升挂使用规范和升国旗仪式礼仪"。

（七）关于明确国旗的监管部门

现行国旗法规定国旗的监督管理主体为地方各级人民政府，没有明确具体部门，在实践中导致监管不到位的情况。为进一步加强国旗使用的监督管理，明确具体涉及国旗制作、销售、升挂、使用、回收等方面监管责任，草案增加规定"国务院确定的部门统筹协调全国范围内国旗管理有关工作。地方各级人民政府统筹协调本行政区域内国旗管理有关工作"，"地方各级人民政府市场监督管理部门对本行政区域内国旗的制作和销售，实施监督管理"，"县级人民政府确定的部门对本行政区域内国旗的升挂、使用和回收，实施监督管理"。

此外，还有一个问题需要说明。国旗法已经列入香港特别行政区基本法、澳门特别行政区基本法附件三，并已在香港特别行政区、澳门特别行政区实施。这次修改国旗法无需重新列入两个基本法附件三。考虑到香港特别行政区、澳门特别行政区均已通过本地立法实施国旗法,经研究,建议两个特别行政区根据修改后国旗法的有关规定、原则和精神,对各自本地立法作相应修改。

国旗法(修正草案)和以上说明是否妥当,请审议。

关于《中华人民共和国国徽法(修正草案)》的说明

——2020年8月8日在第十三届全国人民代表大会常务委员会第二十一次会议上

全国人大常委会法制工作委员会副主任 武 增

委员长、各位副委员长、秘书长、各位委员：

我受委员长会议的委托，作关于《中华人民共和国国徽法（修正草案）》的说明。

一、修改国徽法的必要性和重要意义

我国宪法第一百四十二条规定："中华人民共和国国徽，中间是五星照耀下的天安门，周围是谷穗和齿轮。"1991年3月七届全国人大常委会第十八次会议通过国徽法，对国徽的制作、悬挂、国徽图案的使用以及国徽使用的监督管理等作出规定。2009年8月十一届全国人大常委会第十次会议对国徽法的法律责任条款作了修改。国徽法颁布施行近三十年来,对于保障国徽的正确使用,维护国徽的尊严,增强公民的国家观念,弘扬爱国主义精神,发挥了重要作用。同时,随着我国政治和社会的发展,国徽法实施中也遇到一些新情况新问题,主要是:国家机关使用国徽的情形需要进一步完善;国徽图案的使用需要进一步规范,哪些证件证照、网站等能够使用国徽图案需要明确;国徽的通用尺度也不适应现实需要,国徽制作、销售、悬挂、使用、回收的监督管理部门还不够明确等。针对实践中存在的突出问题,与时俱进,适时修改国徽法,完善国家标志制度,具有重要意义。

(一)修改国徽法,规范国徽的使用,是维护国家的形象和尊严的需要

国徽是国家的象征和标志,代表着国家的权威与尊严。现实生活中,使用国徽图案的情况比较多,在商品和网络上,国徽图案使用不当的情形也时有发生,损害了国徽尊严。修改国徽法,强化国徽使用的规范性和严肃性,加强国徽使用的管理监督,有利于形成维护国徽尊严的意识和社会氛围,有利于维护国家的形象和尊严。

(二)修改国徽法,完善国徽制度,是培育和践行社会主义核心价值观的需要

爱国是社会主义核心价值观的重要内容,国徽作为

国家的象征和标志，是进行爱国主义教育的最好教材。现行国徽法主要对国家机关悬挂国徽提出了要求，没有对各类证件证照、网站等使用国徽图案作出规定。实践中，国徽及其图案广泛运用于国家机关颁发的工作证件、身份证等各类证件、证照，成为代表国家机关认证、认可的重要方式。修改完善国徽法，有利于弘扬爱国主义精神，培育和践行社会主义核心价值观。

（三）修改国徽法，完善国家象征和标志制度，是推进国家治理体系和治理能力现代化的需要

党的十九届四中全会决定提出：发展社会主义先进文化、广泛凝聚人民精神力量，是国家治理体系和治理能力现代化的深厚支撑。国徽制度是国家制度的重要方面。党的十八大以来，以习近平同志为核心的党中央高度重视国家仪典、国家标志方面的立法，相继制定国歌法、国家勋章和国家荣誉称号法、英雄烈士保护法等重要法律，完善了宪法确立的许多重要国家制度，建立了宪法宣誓制度、国家公祭制度等。修改国徽法，完善国家标志法律制度，强化公民的国家意识和爱国主义精神，是发展社会主义先进文化的重要体现，是推进国家治理体系和治理能力现代化的重要支撑。

当前，中国特色社会主义进入新时代，我国正处在实现中华民族伟大复兴的关键时期，修改国徽法，完善国家标志制度，展现大国气象，强化国家观念，有利于增强全体人民对中国特色社会主义的道路自信、理论自

信、制度自信、文化自信，有利于为实现中华民族伟大复兴的中国梦凝聚强大的精神力量。

二、修改的工作过程、指导思想和遵循的原则

近年来，一些全国人大代表、全国政协委员和专家学者提出修改完善国徽法的意见建议。2019年3月，全国人大常委会在研究落实习近平总书记关于完善国旗法的重要批示时，提出一并对国徽法进行修改完善，将国徽法修改列入常委会年度立法工作计划。法制工作委员会立即启动修改工作，研究总结实践中国徽使用好的经验做法，梳理存在的问题，对国外有关国徽的立法进行了研究；到北京、浙江进行调研，了解国徽制作和使用、国徽教育等方面的情况；召开座谈会，听取全国人大代表、政协委员、专家学者和中央有关部门意见。在形成修改方案后，又书面征求了部分中央和国家机关意见。在此基础上，形成了《中华人民共和国国徽法（修正草案）》。经委员长会议审议，决定将国徽法（修正草案）提请本次常委会会议审议。

修改国徽法坚持以习近平新时代中国特色社会主义思想为指导，贯彻党的十九大和十九届二中、三中、四中全会精神，完善国家重要标志制度，在全社会形成尊重、爱护国徽的氛围，增强公民的国家观念，弘扬爱国主义精神，培育和践行社会主义核心价值观，为实现中华民族伟大复兴凝聚精神力量。

修改国徽法遵循的原则：一是坚持部分修改，不作大的修改。突出重点，对实践中影响国徽权威和尊严的问题作出规范，明确国徽使用的监督管理部门。二是坚持以规范为主。进一步完善国家机关使用国徽和国徽图案的情形，对使用非通用尺度的国徽作了更加灵活的规定。同时对国徽及其图案的使用作出明确规范，维护国徽的权威和尊严。三是做好与涉及国徽的其他相关法律的衔接，保持法律规范之间的和谐统一。

三、修正草案的主要内容

修正草案共14条，主要内容如下：

（一）关于完善应当悬挂国徽的场所

根据实践发展的需要，增加应当悬挂国徽的场合。一是为体现国家监察体制改革后国家机构的新变化，明确各级"监察委员会"悬挂国徽。二是按照进一步加强乡镇人大建设的精神，增加规定"乡、民族乡、镇的人民代表大会会场"悬挂国徽。三是根据实践发展的需要，删去现行法第四条中的"乡、民族乡、镇的人民政府可以悬挂国徽，具体办法由省、自治区、直辖市的人民政府根据实际情况规定"，明确乡镇人民政府悬挂国徽。四是明确"宪法宣誓场所"悬挂国徽。

（二）关于增加国徽图案的使用情形

根据实践发展的需要，补充完善国徽使用的情形。一是根据国家机关信息化建设的情况，规定国家机构的"官方网站应当在首页显著位置使用国徽图案"；二是完善中央国家机关领导人员以职务名义对外使用的信封、信笺、请柬等使用国徽图案的规定；三是增加规定国家出版的"法律、法规汇编的封面"应当印有国徽图案，同时明确"其他出版物需要在封面上印有国徽图案的，应当报国家出版主管部门批准"；四是增加规定"中国人民银行发行的法定货币可以使用国徽图案"；五是增加规定国家机关工作人员使用的工作证件、执法证件等，国家机关颁发的营业执照、许可证书、批准证书、资格证书、权利证书等，学位证书，居民身份证、中华人民共和国护照等可以使用国徽图案。

（三）关于严格规范国徽使用范围

为加强国徽及其图案使用的规范化，进一步明确和限定使用范围。一是明确在本法规定的范围以外"不得随意悬挂国徽或者使用国徽图案"；二是增加规定"产品外观设计"不得使用国徽和国徽图案；三是将国徽和国徽图案不得用于"日常生活的陈设布置"修改为不得用于"日常用品和陈设布置"。

（四）完善悬挂非通用尺度国徽的批准程序和悬挂要求

现行法第十二条第二款规定："在特定场所需要悬挂非通用尺度国徽的，报国务院办公厅批准。"一些地方反映，现在国家机关办公场所的建筑物体量比以前大，悬挂现有的三种通用尺度的国徽，有时显得不协调，建议作出更加灵活的规定。据此，将上述规定修改为："需要悬挂非通用尺度国徽的，报全国人民代表大会常务委员会办公厅或者国务院办公厅批准。悬挂非通用尺度国徽的，应当与使用目的、所在建筑物、周边环境相适应。"

（五）关于明确国徽的监管部门

现行法第十四条规定："县级以上各级人民政府对国徽的使用，实施监督管理。"有的建议应当明确具体的监管部门。据此，草案规定："国务院确定的部门统筹协调全国范围内国徽管理有关工作。地方各级人民政府统筹协调本行政区域内国徽管理有关工作"，"地方各级人民政府市场监督管理部门对本行政区域内国徽的制作和销售，实施监督管理"，"县级人民政府确定的部门对本行政区域内国徽的悬挂、使用和回收，实施监督管理。"

此外，还有一个问题需要说明。国徽法已经列入香港特别行政区基本法、澳门特别行政区基本法附件三，并已在香港特别行政区、澳门特别行政区实施。这次修改国徽法无需重新列入两个基本法附件三。考虑到香港特别行政区、澳门特别行政区均已通过本地立法实施国徽法，经研究，建议两个特别行政区根据修改后国徽法的有关规定、原则和精神，对各自本地立法作相应修改。

国徽法（修正草案）和以上说明是否妥当，请审议。

全国人民代表大会宪法和法律委员会关于《中华人民共和国国旗法(修正草案)》审议结果的报告

全国人民代表大会常务委员会：

　　常委会第二十一次会议对国旗法修正草案进行了初次审议。会后，法制工作委员会书面征求了中央有关部门和地方的意见，在中国人大网上向社会公众公开征求意见，并就有关问题与国务院办公厅、中央机构编制委员会办公室等部门进行了沟通。宪法和法律委员会、法制工作委员会召开中央有关部门和专家座谈会听取意见。宪法和法律委员会于9月14日召开会议，根据常委会组成人员的审议意见和各方面意见，对修正草案进行了逐条审议。司法部有关同志列席了会议。9月29日，宪法和法律委员会召开会议，再次进行了审议。宪法和法律委员会认为，为了维护国旗的尊严，增强公民的国家观念，弘扬爱国主义精神，对国旗法进行修改是必要的，草案经过常委会审议修改，已经比较成熟。同时，提出以下主要修改意见：

一、有些常委会组成人员建议根据实践中国旗的使用情况，在现有规定的基础上对国旗的升挂、悬挂作进一步规范。宪法和法律委员会经研究，建议增加规定：一是，专门人民法院和专门人民检察院应当在工作日升挂国旗；二是，"中央人民政府驻香港特别行政区有关机构、中央人民政府驻澳门特别行政区有关机构"应当在工作日升挂国旗；三是，有条件的幼儿园参照学校的规定升挂国旗；四是，展览馆、体育馆应当在开放日升挂、悬挂国旗。

二、国务院办公厅提出，应当对国旗图案标准版本的发布作出规定。宪法和法律委员会经研究，建议增加一款规定"网络使用的国旗图案标准版本在中国人大网和中国政府网上发布"。

三、修正草案第四条规定"国务院确定的部门统筹协调全国范围内国旗管理有关工作"。有的常委会组成人员、单位和专家建议进一步明确统筹协调国旗管理的具体部门，确保责任落实。宪法和法律委员会经与国务院办公厅、中央机构编制委员会办公室研究，建议修改为"国务院办公厅统筹协调全国范围内国旗管理有关工作"。

此外，还对修正草案作了一些文字修改。

9月25日上午，法制工作委员会召开会议，邀请部分专家学者、北京市有关机关、街道办事处和社区代表等就国旗法修正草案中主要制度规范的可行性、法律出台时机、法律实施的社会效果和可能出现的问题等作了评估。与会人员普遍认为，修正草案总结实践经验，对国旗的使用和监管进行了修改完善，有利于增强公民的国家观念，弘扬爱国主义精神，培育和践行社会主义核心价值观，其主要制度规范是可行的，现在出台是必要的、适时的。同时，有的与会人员还对修正草案提出了一些具体修改意见，宪法和法律委员会经研究，对有的意见予以采纳。

宪法和法律委员会已按上述意见提出了全国人民代表大会常务委员会关于修改《中华人民共和国国旗法》的决定（草案）。宪法和法律委员会建议，修改决定草案提请本次常委会会议审议通过。

修改决定草案和以上报告是否妥当，请审议。

全国人民代表大会宪法和法律委员会
2020年10月13日

全国人民代表大会宪法和法律委员会关于《中华人民共和国国徽法(修正草案)》审议结果的报告

全国人民代表大会常务委员会:

常委会第二十一次会议对国徽法修正草案进行了初次审议。会后,法制工作委员会书面征求了中央有关部门和地方的意见,在中国人大网上向社会公众公开征求意见,并就有关问题与国务院办公厅、中央机构编制委员会办公室等部门进行了沟通。宪法和法律委员会、法制工作委员会召开中央有关部门和专家座谈会听取意见。宪法和法律委员会于9月14日召开会议,根据常委会组成人员的审议意见和各方面意见,对修正草案进行了逐条审议。司法部有关同志列席了会议。9月29日,宪法和法律委员会召开会议,再次进行了审议。宪法和法律委员会认为，为了维护国徽的尊严，增强公民的国家观念，弘扬爱国主义精神，对国徽法进行修改是必要的，草案经过常委会审议修改，已经比较成熟。同时，提出以下主要修改意见：

一、修正草案第十条规定了可以使用国徽图案的情形。有的部门提出公安机关、武警部队的徽章中使用了国徽图案，建议予以确认。有的建议规定公民在庄重的场合可以佩戴国徽徽章。宪法和法律委员会经研究，建议增加两款规定："国家机关和武装力量的徽章可以将国徽图案作为核心图案"；"公民在庄重的场合可以佩戴国徽徽章，表达爱国情感"。

二、有的常委会组成人员建议增加国徽教育的内容。宪法和法律委员会经研究，建议增加规定："中小学应当将国徽作为爱国主义教育的重要内容，教育学生了解国徽的历史和精神内涵"。

三、修正草案第十三条规定"需要悬挂非通用尺度国徽的，报全国人民代表大会常务委员会办公厅或者国务院办公厅批准。悬挂非通用尺度国徽的，应当与使用目的、所在建筑物、周边环境相适应"。有的部门提出，国徽悬挂限于国家机关和特定场所，多年来法律实施情况是好的。使用非通用尺度国徽的，主要是由于建筑物尺度的原因，建议在本法中对此提出有关要求，不再实行逐件审批。宪法和法律委员会经研究，建议修改为："需要悬挂非通用尺度国徽的，应当按照通用尺度成比例适当放大或者缩小,并与使用目的、所在建筑物、周边环境相适应"。

四、修正草案第十四条第一款中规定了"国务院确定的部门统筹协调全国范围内国徽管理有关工作"。有的常委会组成人员、单位和专家建议进一步明确统筹协调国徽管理的具体部门,确保责任落实。宪法和法律委员会经与国务院办公厅、中央机构编制委员会办公室研究,建议修改为"国务院办公厅统筹协调全国范围内国徽管理有关工作"。

此外,还对修正草案作了一些文字修改。

9月25日上午,法制工作委员会召开会议,邀请部分专家学者、北京市有关机关、街道办事处和社区代表等就国徽法修正草案中主要制度规范的可行性、法律出台时机、法律实施的社会效果和可能出现的问题等作了评估。与会人员普遍认为,修正草案总结实践经验,对国徽的使用和监管进行了修改完善,有利于增强公民的国家观念,弘扬爱国主义精神,培育和践行社会主义核心价值观,其主要制度规范是可行的,现在出台是必要的、适时的。同时,有的与会人员还对修正草案提出了一些具体修改意见。

宪法和法律委员会已按上述意见提出了全国人民代表大会常务委员会关于修改《中华人民共和国国徽法》的决定(草案)。宪法和法律委员会建议,修改决定草案提请本次常委会会议审议通过。

修改决定草案和以上报告是否妥当，请审议。

全国人民代表大会宪法和法律委员会
2020 年 10 月 13 日

全国人民代表大会宪法和法律委员会关于《全国人民代表大会常务委员会关于修改〈中华人民共和国国旗法〉的决定(草案)》修改意见的报告

全国人民代表大会常务委员会：

本次常委会会议于10月14日上午对国旗法修改决定草案进行了分组审议。普遍认为，修改决定草案已经比较成熟，建议进一步修改完善后，提请本次常委会会议表决通过。同时，有些常委会组成人员还提出了一些修改意见。宪法和法律委员会于10月14日下午召开会议，逐条研究了常委会组成人员的审议意见，对修改决定草案进行了审议。司法部有关同志列席了会议。宪法和法律委员会认为，修改决定草案是可行的，同时，提出以下修改意见：

一、修改决定草案第十条中对举行升旗仪式时参加者的礼仪规范作了规定。有的常委会组成人员提出，举行升旗仪式时，除参加者外，其他在场人员也应当遵守相应的礼仪规范。宪法和法律委员会经研究，建议采纳这一意见，将本条中的"参加者"修改为"在场人员"。

二、修改决定草案第十五条中规定："中小学应当将国旗作为爱国主义教育的重要内容，教育学生了解国旗的历史和精神内涵，遵守国旗升挂使用规范和升国旗仪式礼仪。"有的常委会组成人员提出，国旗是强化爱国意识、培育和践行社会主义核心价值观的重要载体，应当纳入全民爱国主义教育。宪法和法律委员会经研究，建议将上述规定修改为："国旗应当作为爱国主义教育的重要内容。""中小学应当教育学生了解国旗的历史和精神内涵、遵守国旗升挂使用规范和升旗仪式礼仪。"

经研究，建议将本决定的施行时间确定为2021年1月1日。

此外，还对修改决定草案作了一些文字修改。

审议中有的常委会组成人员还提出了一些其他意见，涉及国旗管理使用的具体问题和宣传教育。宪法和法律委员会经研究认为，国旗管理使用中的具体问题可由主管部门根据实践情况提出要求；关于加强国旗法的宣传教育，建议有关部门研究落实。

修改决定草案建议表决稿已按上述意见作了修改，宪法和法律委员会建议本次常委会会议审议通过。

修改决定草案建议表决稿和以上报告是否妥当，请审议。

全国人民代表大会宪法和法律委员会

2020年10月16日

全国人民代表大会宪法和法律委员会关于《全国人民代表大会常务委员会关于修改〈中华人民共和国国徽法〉的决定(草案)》修改意见的报告

全国人民代表大会常务委员会：

本次常委会会议于10月14日上午对国徽法修改决定草案进行了分组审议。普遍认为，修改决定草案已经比较成熟，建议进一步修改完善后，提请本次常委会会议表决通过。同时，有些常委会组成人员还提出了一些修改意见。宪法和法律委员会于10月14日下午召开会议，逐条研究了常委会组成人员的审议意见，对修改决定草案进行了审议。司法部有关同志列席了会议。宪法和法律委员会认为，修改决定草案是可行的，同时，提出以下修改意见：

一、有的常委委员和部门建议根据实践情况，增加界桩、界碑等用于显示国家主权的标志物可以使用国徽图案的规定。宪法和法律委员会经研究，建议增加规定："标示国界线的界桩、界碑和标示领海基点方位的标志碑以及其他用于显示国家主权的标志物可以使用国徽图案"。

二、修改决定草案第十条中规定，中小学应当将国徽作为爱国主义教育的重要内容。有的常委会组成人员提出，国徽是强化爱国意识、培育和践行社会主义核心价值观的重要载体，应当纳入全民爱国主义教育。宪法和法律委员会经研究，建议将本条修改为："国徽应当作为爱国主义教育的重要内容。""中小学应当教育学生了解国徽的历史和精神内涵。""新闻媒体应当积极宣传国徽知识，引导公民和组织正确使用国徽及其图案。"

经研究，建议将本决定的施行时间确定为2021年1月1日。

此外，还对修改决定草案作了一些文字修改。

审议中有的常委会组成人员还提出了一些其他意见，涉及国徽管理使用的具体问题和宣传教育。宪法和法律委员会经研究认为，国徽管理使用中的具体问题可由主管部门根据实践情况提出要求；关于加强国徽法的宣传教育，建议有关部门研究落实。

修改决定草案建议表决稿已按上述意见作了修改，宪法和法律委员会建议本次常委会会议审议通过。

修改决定草案建议表决稿和以上报告是否妥当，请审议。

全国人民代表大会宪法和法律委员会
2020 年 10 月 16 日